智者日常

馬星原 編繪

商務印書館

智者日常

作　　者：馬星原
責任編輯：鄒淑樺
封面設計：楊愛文
出　　版：商務印書館（香港）有限公司
香港筲箕灣耀興道 3 號東滙廣場 8 樓
http://www.commercialpress.com.hk
發　　行：香港聯合書刊物流有限公司
香港新界大埔汀麗路 36 號中華商務印刷大廈 3 字樓
印　　刷：中華商務彩色印刷有限公司
香港新界大埔汀麗路 36 號中華商務印刷大廈 14 字樓
版　　次：2016 年 3 月第 1 版第 1 次印刷

ISBN 978 962 07 4536 2
Printed in Hong Kong

序言

這本書，畫了兩年方才完稿，力求畫得精細固是原因之一，但只是佔小部分，最大的原因是，要花很多時間，從浩如煙海的禪故事中選取素材。

在這本書中，我盡量選取淺白的禪故事，希望能讓多些人看得懂，開了個興趣，以後不再覺得「禪」是離奇古怪的學問。

其實，以我個人來說，是更為喜歡那些晦澀的「禪公案」。雖然多數弄不懂，常常掩卷思量，想破了腦袋不得要領。

這本來是意料中事。禪，根本不是讓人去弄「懂」它的。強要鑽牛角尖弄懂它，就跟「即心是佛」的頓悟之境愈來愈遠。

然而，若以完全不懂為「無上境界」，也是一種謬誤。

這就是禪的奇妙之處。

以我膚淺的理解，禪是要能入能出，其理猶如學劍學畫，練架式基本功是「拿起」，直至完全吸收，為己所用以至揮灑自如的時候，就要「放下」，不再死記死守着老把式，放下而得自在。

未曾拿起，何來放下？所以，那些禪公案還是要參上一參，試圖弄懂的。只是有必要明白，這決計不是目的，而是手段。

反正每個人的感悟不盡相同，解的通不通尚是其次，主要是有機會領略一下禪的涵意。

禪是活潑的，生動而不拘一格，禪理旨在提昇人的精神境界，所謂「自家寶藏」，就是鼓勵每個人都以自身反省，觀心見性，治心返本。

若把禪從宗教層面上抽離，禪其實是一種很好的哲學，一種充滿智慧的生活方式，作為我國古老文化上的承傳，非佛教徒也有必要認識一下的。

本書作為一個起點，希望日後有機會，可以畫一本較為深度的《禪公案》。

馬星原

目錄

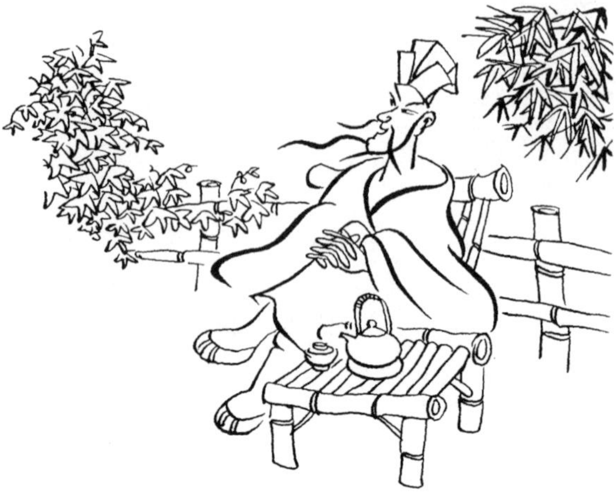

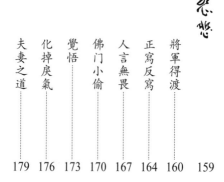

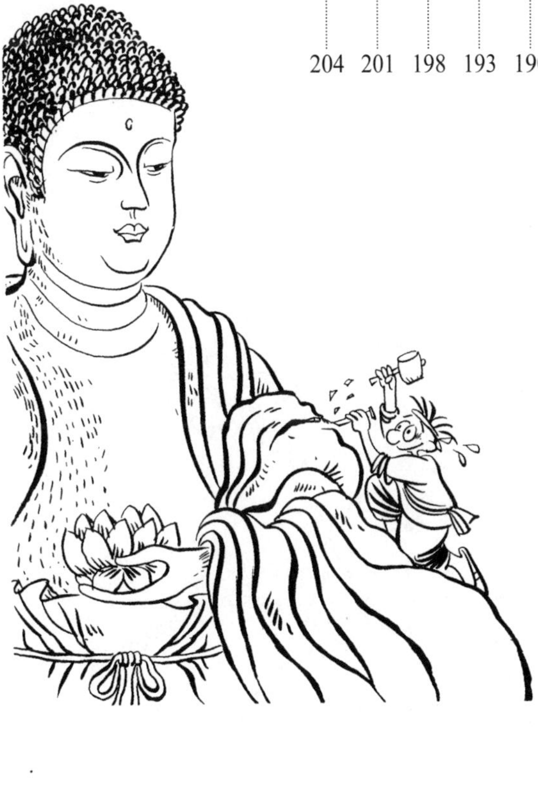

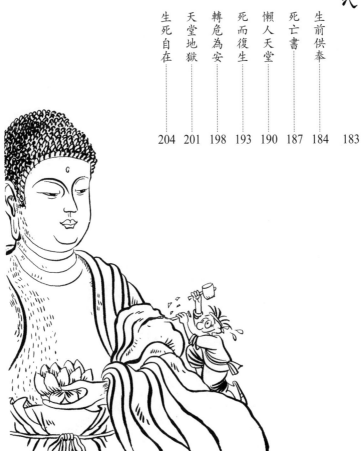

說禪

「禪」是梵文「禪那」的簡稱，「禪那」即禪定。

我國禪宗始於唐代，
相傳達摩始祖自印度
東來傳教……
在嵩山少林寺
面壁九年
於靜默中
教示無言之心印。
後傳衣鉢於慧可（二祖）。

慧可再傳僧璨（三祖），僧璨傳道信（四祖），道信傳弘忍（五祖），弘忍座下有徒神秀和慧能。

兩首傳誦至今的佛偈，就是神秀和慧能所作。
身是菩提樹
心如明鏡臺
時々勤拂拭
勿使惹塵埃
神秀
菩提本無樹
明鏡亦非臺
本來無一物
何處惹塵埃
慧能

在上述一場佛偈的考驗中，慧能得到弘忍傳授衣鉢（成為禪宗六祖），其後往南方開示禪門。

自此禪分南北二宗，
北禪的教法是
「漸悟」。

南禪的
心法是
「頓悟」。

禪宗「不立文字，
教外別傳」之心法，
這裏有個故事：
昔佛祖在靈山大會弘法，
卻只拈花不作一語。

眾人相顧不解，只有大弟子迦葉會心展顏一笑。
於是釋迦便宣布：吾有正法眼藏，涅槃妙心，實相無相，微妙法門，不立文字，教外別傳，付囑摩訶迦葉。
師父，「教外別傳」的意思，是不是只傳「教內」的人？
「教外別傳」意謂：佛經教法以外的別一種的傳授法……

甚麼叫「禪公案」？是禪師犯了案嗎？
胡說八道！
閃
「禪公案」者，是歷代禪師們求學、悟道、教授學僧的故事。稱為「公案」者，因後輩記錄了這些故事，供參禪者討論、研究，以啟發禪心。

師父，甚麼叫「棒喝」？
「棒喝」是禪師教授徒弟時所運用的手段，剛才我教訓你的就是「棒」！
這個就是「喝」！
禪宗的「棒喝」，是由於德山宣鑒禪師喜歡用「棒」，臨濟義玄禪師喜歡用「喝」，因此後世便有「德山棒，臨濟喝」的典故了。

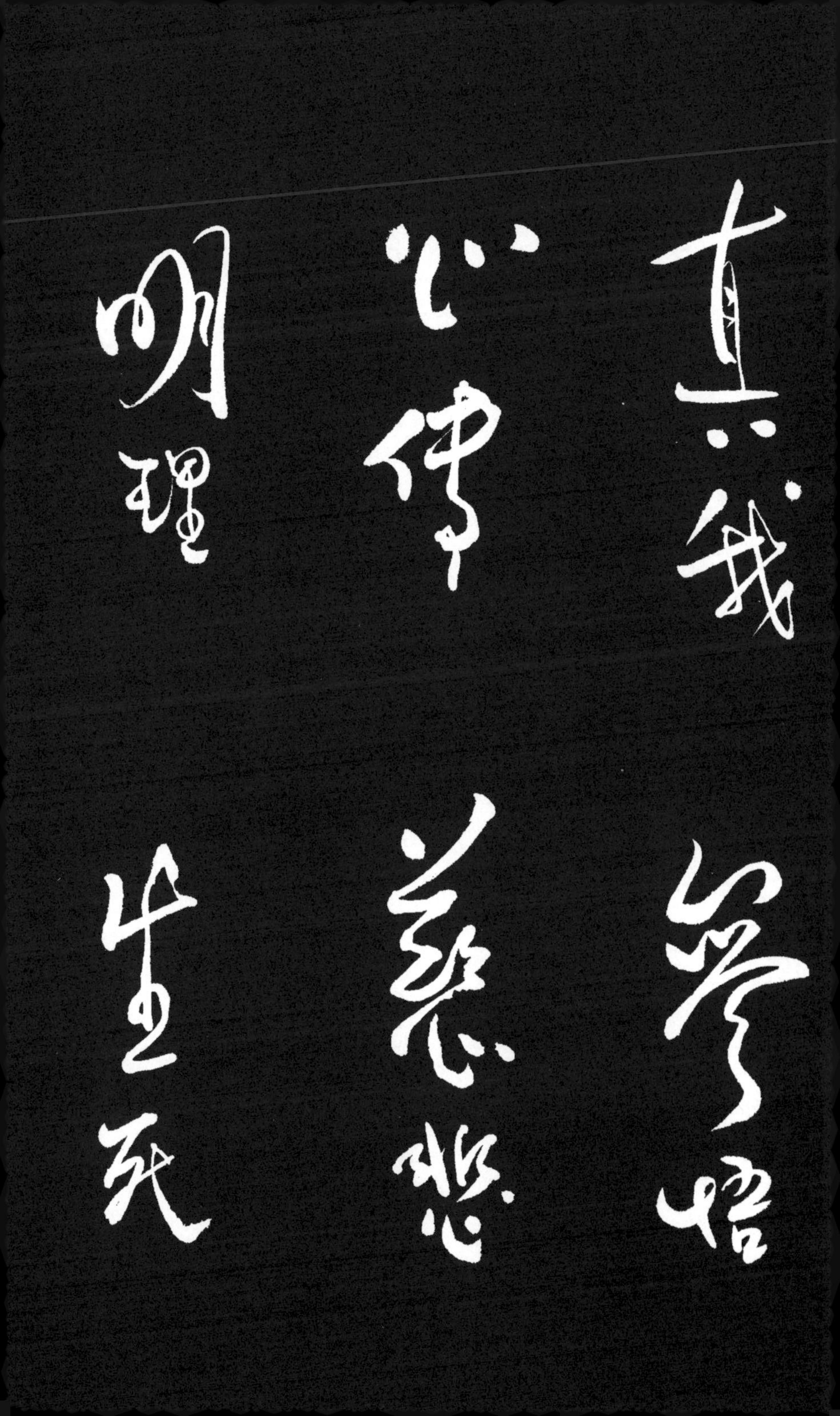
真我
覺悟
心傳
慈悲
明理
生死

真我

瓶中之鵝

宣州刺史陸亘大夫，初問南泉曰：「古人瓶中養一鵝，鵝漸長大，出瓶不得，如今不得毀瓶，不得損鵝，和尚作麼生出得？」

南泉召曰：「大夫！」陸應諾。

南泉曰：「出也。」陸從此開解。

——《景德傳燈錄》

宣州刺史陸亘向南泉禪師出了一個怪問題：
假設有人將一隻小鵝養在瓶中……
鵝漸漸長大，直至體積超過了瓶口……
如今不許敲破瓶子，又不可弄傷鵝，請問可有辦法使鵝出瓶？
禪師請解答！

陸亘！
在！
出來啦！
謝謝師父！
「鵝」就是我，「破瓶」就是出家。陸亘的問題其實是：如何可以在家而參禪悟道？禪師對於他自設的煩惱，根本不作正面回答⋯⋯
能否走出困惑之境，存乎一心，操之在我。

真正目的

寵辱不驚，閒看庭前花開花落；去留無意，漫隨天外雲卷雲舒。

——《菜根譚》

金禪師喜歡養蘭，那一架子蘭花，簡直視如性命……
我外出弘法，你們努力用功之外，更要好好照顧蘭花……
哇！

這下慘了！
師父一定會大發雷霆……
我回來了！咦？何事如此喧嘩？
師父你一定很生氣，要打要罵，我們甘願受罰……

我種蘭花，是為了怡情養性，可不是為了生氣而種蘭啊！

莫因環境變化而影響了最初的目的。這是常識，但人們卻常被情緒左右而不自覺。例如夫妻是為了恩愛而結婚，不是為了找個人吵架而結的啊。

曬菜乾

勤者敏於德義，而世人借勤以濟其貪；儉者淡於貨利，而世人假儉以飾其吝。君子持身之符，反為小人營私之具矣，惜哉！

——《菜根譚》

道元禪師住持的寺院，
有一位已經八十多歲的老和尚。
大雄寶殿
長老，你在幹甚麼啦？
回方丈，我在曬菜乾哩！

這是粗活，由別人來做吧！
別人又不是我！
可是，也不必在日正當中的時候來做呀！
大太陽時不曬菜乾，難道等下雨天才拿出來曬嗎？
有「想」做的事，自己鞭策自己去做；而且，要及時而做。

大偷一次

元代石屋清珙禪師（一二七二——一三五二），一代名師，在中國禪學史、元代禪學史和中韓禪學關係史上佔有重要的地位。《石屋清珙禪師語錄》記錄他寫詩：「古今無法可傳流。只要偷心死便休。大抵是他人自肯。福源不會按牛頭。」認為心是蘊藏無數寶藏的地方，本性就是寶藏。教人偷心，就是認識自己的本性。

客棧
石屋禪師外出雲遊。不巧附近沒有寺院掛單，唯有投宿客棧……
半夜裏，有小偷摸了進來……
大膽小賊！竟敢偷我東西！

快說！你前後偷過幾次？
幹了多年，數也數不清了！
……
你每次偷完後，能夠維持多久的快樂？
典賣贓物，花光以後，就不快樂了。

你知道有個大寶藏？快帶我去！
真是個笨小偷！你為甚麼不大大地偷一次呢？
就在這裏！
有無數寶藏，就在你自己心裏！
人就是因貪得財物，不惜作奸犯科，郤忽略了心中無窮的寶藏！

先敬羅衣

日本一休宗純和尚（一三九四——一四八一），號一休，乳名千菊丸，訓名周建，齋名夢閨，別號狂雲子、小清國等，通稱一休宗純，簡稱一休。一休和尚是日本室町時代的奇僧，也是著名的詩人、書法家和畫家。一生著作有《狂雲集》、《續狂雲集》、《骸骨》、《自戒集》、《一休法語》和《佛鬼軍》等，曾任大德寺第四十七代住持，廣交各階層人士。

一休和尚是大德寺住持，深受朝野敬重……
小和尚，你們住持在不在？
大德寺
高井
明天是我家老爺忌辰，請禪師去做法事，知道了沒有？
是誰説話如此無禮？
哦，是高井户大人嗎？你回話我明天就去。
是日傍晚，高井户府第來了一個老叫化……

混蛋！你知道這裏是甚麼地方嗎？快滾！
高井
求高井老爺行行好……
外面甚麼事這樣吵？
回大人，有個老叫化賴死不肯走！
再不走就給我打出去！
翌日，一休率領眾僧來到高井户府第……

歡迎！歡迎！
請禪師到佛堂上座！
你自己進去吧，我坐這裏才合老衲身份。
禪師請不要開玩笑！
誰開玩笑？你看清楚，昨夜的叫化跟今日的老衲是同一人！
閣下前倨後恭，一定是因為我今天穿得光鮮體面的關係……
那你就把這件袈裟迎到佛堂去上座吧！
先敬羅衣後敬人是一種社會病態，所以不必為衣着普通而自卑；更有甚者，若為了要穿名牌羅衣而不擇手段，則更要不得！

一封書信

曾公曰：「靈隱天下勝處。珊禪師吾故人。」以書薦顯。顯至靈隱，三年，陸沈眾中。俄曾公奉使浙西，訪顯於靈隱，無識之者。時堂中僧千餘。使吏撿牀曆，物色求之。

乃至曾公問向所附書。顯袖納之曰：「公意勤，然行脚人非督郵也（一本曰：然行脚人，於世無求。敢希薦達哉）。」曾公大笑。

——《禪林僧寶傳》

曾公外出弘法時，
結識了一位名叫顯的行腳僧。
分手時，特地為他寫了封介紹信。
杭州靈隱寺住持是我好友，你去找他掛個單吧……
數年後，曾公路過靈隱寺。與住持見面後，便問起顯這個人……
佛

好像沒甚麼印象……我吩咐小沙彌找找看。
最後，在千多名學僧之中，找到了顯。
難道你沒有把我的介紹信交給住持嗎？
我是個雲遊四方的行腳僧，一無所求，所以不替你送信。
哈
哈
許多人都把畢生精力花在託人事、攀關係的方面上，卻不圖自己的長進。像顯這種人實在太少了。

快樂之源

眾生少信自心佛，不肯承當多受屈。妄想貪嗔煩惱纏，都緣為愛無明窟。（〈直指本心〉偈）

頓悟心源開寶鉢，應供人天離禪悅。百味酥陀最上珍，萬兩黃金也不說。（〈頓覺〉偈）

——《汾陽無德禪師語錄》

有三位信眾向無德禪師請教，如何才可使自己活得快樂…
你們自己認為，要得到甚麼才會快樂呢？
有了金錢就有快樂！
有了愛情就有快樂！
有了名譽就有快樂！

你們有這種想法，永遠不可能快樂。
很多煩惱是隨着金錢、愛情、名譽之後而來……
煩
煩
煩
而且，如果它們一旦失去了，怎麼辦？
擁有並非快樂之源……
金錢是要去佈施才快樂；愛情是要奉獻愛才快樂，名譽是因服務大眾才快樂的。

切不對心

師開示云：「修行須放下一切方能入道，否則徒勞無益。要知眾生本妙明心，原與諸佛無異，只因無始以來為妄想塵勞百般纏繞，不能顯現，所以沈淪苦海，流浪生死，不能出離。諸佛憫之，不得已開示種種修行法門，無非令眾生解脫。所謂放下一切，是放下甚麼呢？內六根、外六塵、中六識，這一十八界都要放下，其他名利、恩愛、毀譽、得失，乃至一切財物、性命都要放下。」

——《虛雲和尚開示錄》

一位厭倦了戎馬生涯的將軍，忽興遁入空門之念……
你還是回去吧！
我真的已看破紅塵，我不會放棄的！
你有妻有子，不會放得下的……更且你習氣未除……

賊禿！你竟敢耍我！
哇，你這麼早又來了，難道不怕老婆在家偷漢子嗎？
你因我的一句話而暴跳如雷，證明你根本看不開，放下不！
口說「放下」容易，要真的做到就難。回去多用功修行，真的做到後，再來吧！

心傳

滅燭自明

師往龍潭，至法堂曰：「久嚮龍潭，及乎到來。潭又不見，龍又不現。」

潭引身曰：「子親到龍潭。」師無語，遂棲止焉。一夕侍立次。

潭曰：「更深何不下去？」師珍重便出。

却回曰：「外面黑。」

潭點紙燭度與師。師擬接，潭復吹滅。師於此大悟。

——《五燈會元》

德山在龍潭崇信禪師那裏學禪。某夜侍候完方丈，正欲離去……
師父，外面伸手不見五指，弟子看不清路……
我為你點支蠟燭吧！
這樣，你看清路了嗎？
看清了！
！
禪如燭，需要自己去點亮，靠別人照的路，始終不是自己的。

心

無德禪師善昭（九四七—一〇二四），山西人，俗姓俞，又名無德，他認為人只能通過自己直探心源，才能體悟本性。

有弟子問無德禪師：
為甚麼有的人心胸廣闊，即使是仇人也能寬容；有的人心胸狹小，即使是親人也斤斤計較？
你先閉起眼睛，用心去建起一座高樓。
建好了！
好！你再用心去造一根毫毛。

毫毛也造好了！
無論建造高樓，或是一根毫毛，你都是用全部心力去造的麼？
是的！
你建造一座高樓，用的是這顆心，造一根毫毛，用的也是這顆心，可見心能大能小的。
心能大能小，能苦能樂，能有能無⋯⋯那麼，為何不讓自己的心更寬更廣，具有包羅宇宙的胸襟呢？

廟前小丑

舒州白雲守端禪師，衡陽葛氏子。幼事翰墨，冠依茶陵郁禪師披削，往參楊岐。岐一日忽問：「受業師為誰？」

師曰：「茶陵郁和尚。」

岐曰：「吾聞伊過橋遭攧有省，作偈甚奇，能記否？」

師誦曰：「我有明珠一顆，久被塵勞關鎖。今朝塵盡光生，照破山河萬朵。」

岐笑而趨起，師愕然。通夕不寐。黎明，咨詢之。

適歲暮，岐曰：「汝見昨日打毆儺者麼？」

曰：「見。」

岐曰：「汝一籌不及渠。」

師復駭曰：「意旨如何？」

岐曰：「渠愛人笑。汝怕人笑。」

師大悟。

——《五燈會元》

師父，為何我這麼久仍未開悟？
方會禪師大笑而去，留下滿腹疑團的守端和尚。
哈哈哈……
哈！

苦苦思索了幾天，仍然不得要領。
師父那天對我大笑，一定有玄機，還請開示……
廟前有個雜耍的小丑，你看過沒有？
看過！
小丑的種種動作，就是希望博人一笑……
而你卻怕被人笑！
自信心不足，才怕別人笑。如此不單無緣「開悟」，連做人也覺艱難。讓別人來操縱自己的情緒，豈不可哀？

危險之境

後見秦望山有長松，枝葉繁茂，盤屈如蓋，遂棲止其上，故時人謂之鳥窠禪師。復有鵲巢於其側，自然馴狎，人亦目為鵲巢和尚。……

元和中，白居易侍郎出守茲郡，因入山謁師。問曰：「禪師住處甚危險。」師曰：「太守危險尤甚！」白曰：「弟子位鎮江山，何險之有！」師曰：「薪火相交，識性不停，得非險乎？」

——《五燈會元》

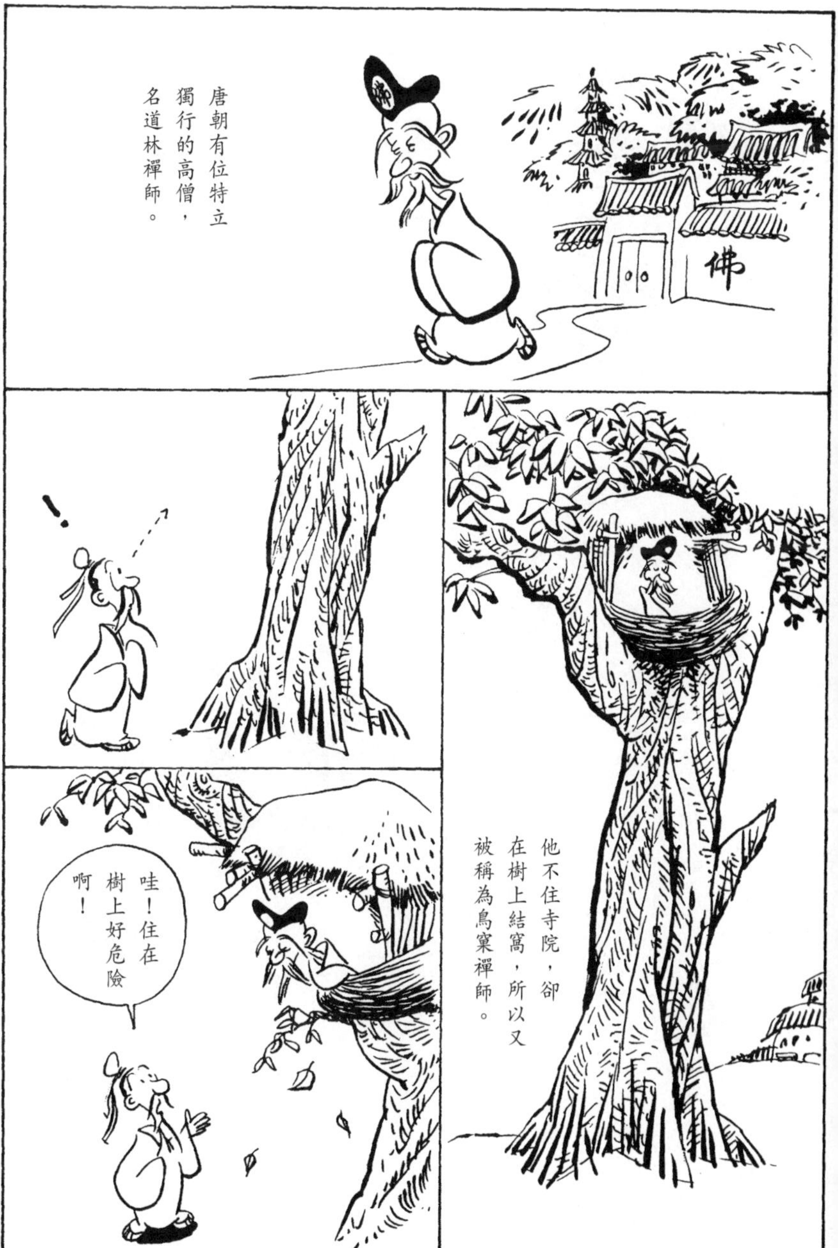
唐朝有位特立獨行的高僧，名道林禪師。
佛
他不住寺院，卻在樹上結窩，所以又被稱為鳥窠禪師。
哇！住在樹上好危險啊！

你是誰？
你說我危險，我不覺得，倒是你的處境非常危險！
在下杭州太守白居易。
我在朝廷當官，何危險之有？
功名富貴場中，人人勾心鬥角，你竟不知危險，真是個呆子！
最危險的地方，不在大自然，而在人群裏。保持一片清心，一點靈光，知所進退而趨吉避凶。

誰之罪過

罪從心起將心懺，心若滅時罪亦亡；心亡罪滅兩俱空，是則名為真懺悔。

——《華嚴經》

船伕載客泊岸，使蝦蟹遭殃。這是船伕的罪過，還是乘客的罪過？

既非船伕之過，亦非乘客之過。
那究竟是誰之過呢？我一定要弄個明白！
是你的過錯！
蝦蟹之死，非因船伕、乘客有意殺生，所以他們沒有過錯。
要在沒錯中找錯的人，是煩惱自尋，本身就是錯。

本份事

一日見侍者拓鉢赴堂，乃喚侍者，者應諾。
師曰：「甚處去？」
者曰：「上堂齋去。」
師曰：「我豈不知汝上堂齋去？」
者曰：「除此外別道箇甚麼？」
師曰：「我祇問汝本分事。」
者曰：「和尚若問本分事，某甲實是上堂齋去。」
師曰：「汝不謬為吾侍者。」

——《五燈會元》

石梯禪師看到侍者拿着鉢走過，就有意考考他。
你到甚麼地方去呀？
我到齋堂去。
廢話！你手拿着鉢，誰也知道你到齋堂去！
我是問你的「本份事」！

若問我的「本份事」嘛！
我實在是要到齋堂去！
很好！不愧為我的侍者。
甚麼是禪者的「本份事」？是明心見性，參悟生死的本家事。
禪者生活中無處不禪，吃飯是禪，睡覺是禪，搬柴挑水，無事不禪。
將事情做好，將做人的本份做好，不辭勞，不妄求，那就是本份事，也就是禪心了。

即心是佛

明州大梅山法常禪師者，襄陽人也。姓鄭氏。幼歲從師於荊州玉泉寺。初參大寂，問：「如何是佛？」寂曰：「即心是佛。」師即大悟，遂之四明梅子真舊隱縛茆燕處。……

大寂聞師住山，乃令僧問：「和尚見馬大師得箇甚麼，便住此山？」

師曰：「大師向我道：即心是佛。我便向這裏住。」

僧曰：「大師近日佛法又別。」

師曰：「作麼生？」

曰：「又道：非心非佛。」

師曰：「這老漢惑亂人，未有了日。任他非心非佛，我祇管即心即佛。」

其僧回舉似馬祖，祖曰：「梅子熟也！」

……

——《五燈會元》

大梅山法常禪師未
悟道前，曾求教
於馬祖禪師
如何是佛？

即心是佛。

法常大悟，
隱於大梅山中
修行⋯

數載後，馬祖聞之，遣小沙彌往傳話……
師父的最新語錄是：非心非佛！
那老漢蠱惑人心未有了日，任他非心非佛，我只管即心是佛！
哈哈！梅子熟也！
……
求學時要謙虛受教，得着了就要堅持不為所動。

庭前落葉

若菩薩欲得淨土，當淨其心；隨其心淨，則佛土淨。

——《維摩詰經》

鼎州禪師和小沙彌在庭園裏散步……
?
師父，不要撿了，反正我每天早上都會掃的……

你有你掃，我有我撿。我現在多撿一片落葉，地上立即多一分乾淨！
可是，馬上又有落下，怎麼撿得完呢？
葉子不光落在地面，我們心中也有落葉。
心裏的落葉，就是妄想與煩惱。我撿一片地上的落葉，其實是撿心上一片落葉。
祇要自己心裏世界清靜了，外面的世界也可隨之清淨。

一半

師因雲巖諱日營齋，僧問：「和尚於雲巖處得何指示？」
師曰：「雖在彼中，不蒙指示。」
曰：「既不蒙指示，又用設齋作甚麼？」
師曰：「爭敢違背他！」
曰：「和尚初見南泉，為甚麼却與雲巖設齋？」
師曰：「我不重先師道德佛法，祇重他不為我説破。」
曰：「和尚為先師設齋，還肯先師也無？」
師曰：「半肯半不肯。」
曰：「為甚麼不全肯？」
師曰：「若全肯，即孤負先師也。」

——《五燈會元》

這天，良價禪師為先師設齋祭祀
你在你先師那兒得到過甚麼指示？
沒得到甚麼指示……
既沒有得到指示，為何設齋供奉呢？
就是感謝他沒給我甚麼指示，沒給我説破禪法。

你同意你先師的道法麼？
一半同意，一半不同意。
為何不完全同意呢？
若完全同意，就辜負了先師啦……
禪之道，一方面是傳承，一方面是自悟，所以是一半同意一半不同意。

無端一句話

師問仰山：「何處來。」

仰曰：「田中來。」

師曰：「禾好刈也未。」仰作刈禾勢。

師曰：「汝適來作青見，作黃見，作不青不黃見。」

仰曰：「和尚背後是甚麼？」

師曰：「子還見麼。」

仰拈禾穗曰：「和尚何曾問這箇？」

——《五燈會元》

仰山是溈山禪師的學生，這天剛從外面掛單回來⋯⋯
不見一段日子，你做了些甚麼呢？
在田裏翻土、除草、播種、施肥⋯⋯
很好。你沒有閒散白過⋯⋯

師父這段日子也做了些甚麼呢？
我嗎？白天吃飯，晚上睡覺。
這些日子你也沒白過。
呃—好像說錯了話！彷彿語帶諷刺，師父可會發怒？
糟糕！真的發怒了！
為甚麼你要把一句話看得那麼嚴重？
禪智慧之一，是「放下，自在」。把一句無心之言看得那末嚴重，是煩惱自尋。相對地，為旁人一句說話而動怒的，更是愚不可及。

磨磚作鏡

開元中有沙門道一，在衡嶽山常習坐禪。

師知是法器，往問曰：「大德坐禪圖甚麼？」

一曰：「圖作佛。」

師乃取一磚，於彼庵前石上磨。

一曰：「磨作甚麼？」

師曰：「磨作鏡。」

一曰：「磨磚豈得成鏡邪？」

師曰：「磨磚既不成鏡，坐禪豈得作佛？」

一曰：「如何即是？」

師曰：「如牛駕車。車若不行，打車即是，打牛即是？」一無對。

師又曰：「汝學坐禪，為學坐佛？若學坐禪，禪非坐臥。若學坐佛，佛非定相。於無住法，不應取捨。汝若坐佛，即是殺佛。若執坐相，非達其理。」一聞示誨。如飲醍醐。

——《五燈會元》

懷讓禪師看見道一每天都在用功打坐⋯⋯
你為甚麼要打坐呢？
為了成佛啊！
呵呵⋯⋯原來如此⋯⋯剛好這裏有塊磚頭！
呵呵⋯⋯

師父？你在做甚麼？
做一面鏡子！
磚頭又怎可以磨成鏡子呢？
磚頭，不能磨成鏡子，光憑打坐就會成佛嗎？
請師父開示！
我先問你一個問題：

譬如你是駕着牛車，車不前行，你應打車子呢？還是打牛？
當然是打牛囉！
你打坐是為了學禪？學佛？
禪，非坐臥；佛，無一定形相。
我明白了！參禪悟道，用心即是，不關身相。若執著打坐，就好比趕車打車！
參禪必須用「心」，才能達到無相三昧的境界。不是說打坐不對，但若執著打坐的手段，就達不到目的了！

明理

禪者棒喝

上堂，僧問：「如何是佛法大意？」師豎起拂子，僧便喝，師便打。

——《五燈會元・臨濟義玄禪師》

無德禪師說法時，總是手執禪杖，以作賞罰的工具……
錯了！
師父的棒又快又準，真是百發百中！
我們參禪多年，老是吃棒，怎麼辦？
有啦，以後師父說法時，我們站在講堂外面，任他棒法再快再準也打不到咱們了！

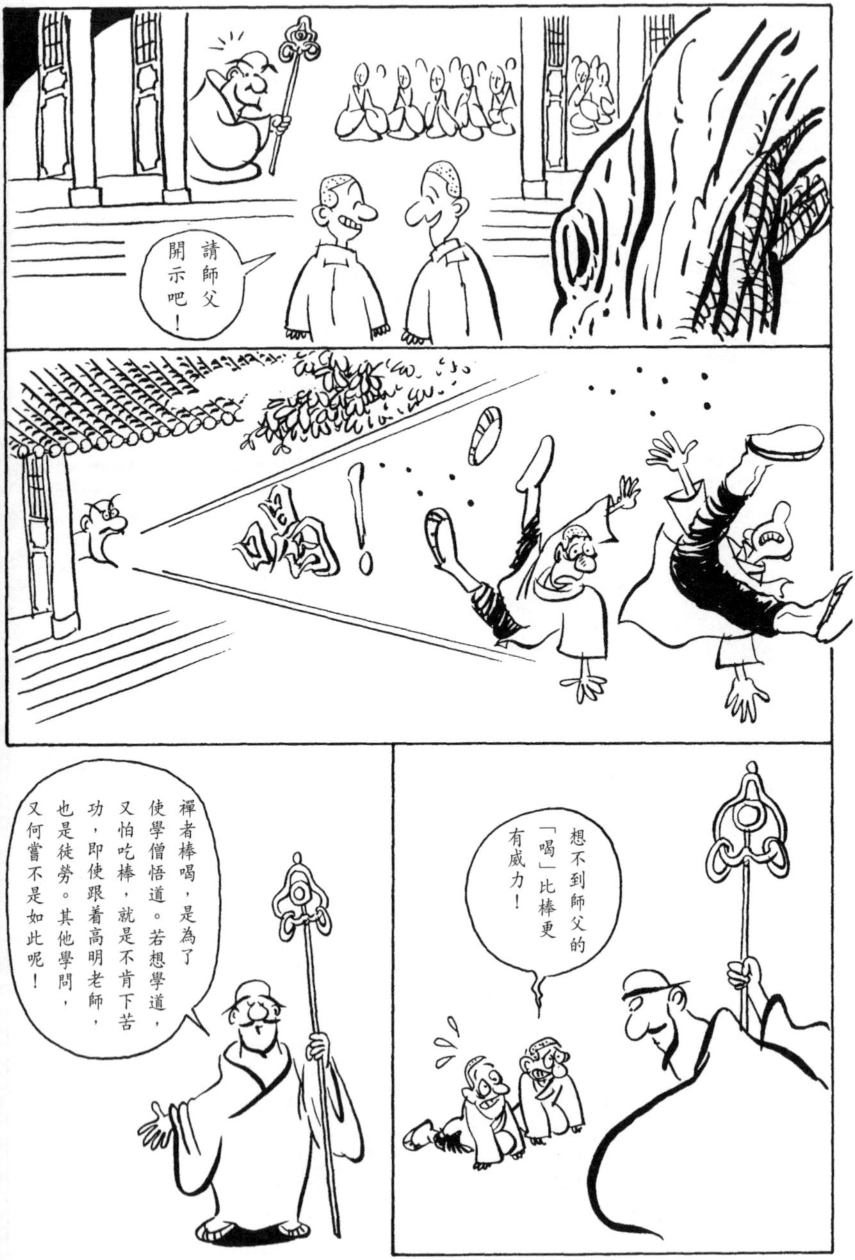
請師父開示吧！
喝！
禪者棒喝，是為了使學僧悟道。若想學道，又怕吃棒，就是不肯下苦功，即使跟着高明老師，也是徒勞。其他學問，又何嘗不是如此呢！
想不到師父的「喝」比棒更有威力！

不作不食

師凡作務執勞，必先於眾。主者不忍，密收作具而請息之。

師曰：「吾無德。爭合勞於人。既徧求作具不獲，而亦忘湌。」

故有一日不作，一日不食之語流播寰宇矣。

——《五燈會元》

九十多歲的百丈禪師，仍然與僧眾一起下田幹活。
方丈年紀這麼大，真不忍心。
不如我們如此這般……
咦？老衲的農具呢？
不知道哇！

方丈你就歇歇吧！
方丈吃飯啦！
你們吃吧，老衲少德福薄，不可白受別人供養！
拗不過他，唯有把農具還他吧！
百丈清規其中一條：一日不作，一日不食！

拜佛何用

師在鹽官殿上禮佛次，時唐宣宗為沙彌，問曰：「不著佛求，不著法求，不著僧求，長老禮拜，當何所求？」

師曰：「不著佛求，不著法求，不著僧求，常禮如是事。」

彌曰：「用禮何為？」

師便掌。

彌曰：「太麄生。」

師曰：「這裏是甚麼所在？說麄說細。」

隨後又掌。

——《五燈會元》

唐朝宣帝登基前，因避亂而隱居禪林中⋯
哦？是黃蘗禪師！
禪師！有一事想請教！
我聞求道之人，不應執着於佛⋯

你為何還要執著於拜佛呢？
我沒有執著於佛——
這樣做不過是順應世俗罷了！

既然如此，你也知拜佛沒有實際作用，拜來作甚？
想想看這是甚麼地方，竟敢在這裏說東說西！
有這種人，認為拜佛要有實際得益，要有回饋，方才肯拜！不執著拜佛跟把拜佛當作交易，是兩回事！

見道忘山

其或心徑未通，矚物成壅，而欲避喧求靜者，盡世未有其方。況乎鬱鬱長林，峨峨聳峭，鳥獸嗚咽，松竹森梢，水石崢嶸，風枝蕭索……，斯之種類，豈非喧雜耶？

故知見惑尚紆，觸途成滯耳，是以先須識道後乃居山。若未識道而先居山者，但見其山，必忘其道。若未居山而先識道者，但見其道，必忘其山。忘山則道性怡神，忘道則山形眩目。是以見道忘山者，人間亦寂也；見山忘道者，山中乃喧也。

——《禪宗永嘉集》

玄覺禪師對眾僧說……
應該先識「道」，然後才隱居山中。
如果尚未識道而先居於山中，那麼只看見了山，必然忘了道，則山之形能眩惑眼目……
如果未居山中而先識道，那麼只見道而忘了山……忘了山，道之性可怡養心神……
見山忘道的人，縱使隱居山中，也會感到喧鬧的。
見道忘山的人，即使處於人群裏，也可以得到內心的平靜。

敬業精神

高村光雲，是日本佛師、雕刻家。本名中島光藏，事師高村東雲，之後成為東雲之姐的養子，改姓高村。明治維新以後，受廢佛毀釋的影響，失去佛師的工作，專心在木雕，積極學習西洋美術，結合傳統的木雕技術和近代的寫實主義，開創近代日本雕刻新篇。

光藏希望成為出色的佛像雕刻家，遂到東雲禪師處學藝⋯⋯
唔⋯⋯你先到溪邊汲水去。
甚麼也不教，只叫我做雜役！
忽然，東雲向他大哮⋯⋯
你不配跟我學藝，快滾！
我做錯了甚麼？
我也不曉得。不過現在天色已晚，你明朝再走吧！

光藏醒來！
ZZZZ
白天我罵你，你不明箇中原因吧？
敬佛者須有誠心，你汲水時任由水瀉了一地，浪費上天的恩賜，這種態度又怎能雕出好的佛像呢？
心誠則靈。無論做甚麼事都不要馬虎，有敬業精神才會成功！

賣生薑

寶壽生薑者，洞山自寶禪師（寶壽乃其別號）在五祖師戒禪師會下作監院，五祖戒有寒病，當用生薑、紅糖熬膏，以備常服。

侍者往庫房求此二物，監院曰：「常住公物，何可私用，拿錢來買。」戒禪師即令持錢去買，且深契其人。

後洞山住持缺人，有求戒禪師舉所知者，戒云賣生薑漢可以。

——《禪林寶訓》

寶壽禪師在戒公和尚住持的五祖寺當司庫⋯
住持方丈命我來取些生薑⋯
哦？是住持自己要用的麼？
⋯他說，方丈你得自己掏腰包買⋯
去去！公家的東西怎可隨便取用！
佛

不久，有郡守來找戒公住持…
洞山寺缺人住持，請你舉薦一人…
啊！我寺有個人很合適！
這位就是「賣生薑」的寶壽禪師！
於是，寶壽就去了洞山寺作住持。
這就是「寶壽生薑辣萬年」的禪門佳話。
而戒公和尚的胸襟風範，也是一段佳話。

待客之道

一日，真定帥王公携諸子入院，師坐而問曰：「大王會麼？」

王云：「不會。」

師云：「自小持齋身已老，見人無力下禪牀。」王公尤加禮重。翌日令客將傳語。師下禪牀受之。

少間侍者問：「和尚見大王來，不下禪牀。今日軍將來，為甚麼卻下禪牀？」

師云：「非汝所知。第一等人來，禪牀上接；中等人來，下禪牀接；末等人來，三門外接。」

——《五燈會元》

從稔禪師年事已高，正臥牀養病。
師父，趙王來探訪你呢！
那麼請他到牀邊來吧！
請恕老衲年老體衰，不能下牀迎接⋯
不必客氣啦！

數日後……
嚇？趙王遣使者來探我？
師父呀，前天趙王來訪，你臥牀相見……
今天他部下到來，你卻迎出山門，是何道理？

待客之道有三種，你曉得嗎？
我曉得！遇到下等級的客人，我說：「茶、坐」。
遇到中等級的客人，我說：「泡茶、請坐」。
上等級的客人麼，我說：「泡好茶、請上座」！
錯！
為師的待客之道是：上等客人我臥牀相見；中等客人我到客廳相見…
下等的客人我則迎出山門。
世人大多勢利眼，你的待客之道是小和尚的，還是禪師的？

經得考驗

天衣懷與眾同參葉縣省。共七十餘人。省一見即呵之曰：「汝輩踏州縣僧，來此何為？我那有閒飯養你閒漢耶。」叱之去，眾不為動。遂取水潑之，眾又不散。復以灰撒之，眾皆怒，捨去。惟懷遠二人，端坐如故。

省曰：「彼皆去矣。爾胡不去？」

遠曰：「久慕和尚道德，不遠千里而來。豈因一杓水，一把灰，遽即去耶。」

省曰：「爾二人既真為佛法。此間缺典座，能為之否？」

遠曰：「弟子願為。」

懷得參堂。一日省他出，眾不堪枯淡，乞煮佳粥。遠因為六和粥。粥熟省還。共赴堂竟召問知事，今日有施主設齋耶。答曰無。堂中納襯耶。曰無。如此則此粥從何所得。曰：「問典座。」

於是遠自首云：「某甲見大眾枯淡，實自為之。」

省曰：「爾如此好心。待他日為住持時，為之不晚。何得私盜常住物，做人情耶。令知事估遠衣鉢，值幾何。悉歸之常住。逐遠出眾。」遠懇求再三，皆不之允。轉求諸山尊者並檀越，乞求掛搭。

省大怒曰：「我道爾不是好人。汝欲以勢位壓我耶。速去。」

遠曰：「如此則掛搭不敢望。但上堂時容某一聽法。足矣。」省始頷之。遠寓山下他寺廊房，省一日見之，問曰：「爾住此幾時耶？」

曰：「已半年矣。」

曰：「還常住房錢否？」

曰：「無。」

曰：「此常住房，爾何敢盜住。速須還他去。不爾，我當告官。」

遠即化與之，而別住城中。每見省，則轉加敬容。於是省歸山，告眾云：「葉縣有古佛，汝等宜知之。」眾云：「古佛是誰？」省曰：「如遠公，真古佛也。」一眾始驚，盛排香華，入城迎歸。省特為上堂，面付佛法。自古今以來，法堂付法，唯遠一人而已。

——《慨古錄．湛然禪師慨古錄序》

法遠在歸省禪師門下，擔任煮飯之職⋯⋯
今天心情好，弄個好東西給大家吃！
？
吃甚麼吃得這樣好味道？
五味粥？

大膽法遠，未經批准擅自耗用本寺油、麵等物……
先杖責三十！
再將你衣物鉢具估價後充公，然後逐出寺門！
法遠因念着尚有不足之數，於是每天化緣償還。
晚上就睡在寺院門廊下。

門廊下也屬寺院地方，要算租錢！
法遠不僅沒有離去，反更努力四方化緣來還債、付房租錢。
終於，有一天…
師父召集僧眾，吩咐我來找你！
法遠是真正參禪的法器，我決定將衣鉢傳與他！
要有所成，首先要經得起考驗。求學之人，若是無禮、驕橫，動輒拂袖而去，到頭來只會一事無成。

無有障礙

玄沙示眾云：「諸方老宿，盡道接物利生，忽遇三種病人來，作麼生接？患盲者，拈鎚豎拂，他又不見；患聾者，語言三昧，他又不聞；患啞者，教伊說，又說不得。且作麼生接？若接此人不得，佛法無靈驗。」

僧請益雲門，雲門云：「汝禮拜著！」

僧禮拜起，雲門以拄杖挃，僧退後。

門云：「汝不是患盲。」復喚近前來，僧近前，門云：「汝不是患聾。」

門乃云：「還會麼？」僧云：「不會。」門云：「汝不是患啞。」

僧於此有省。

——《碧巖錄》

玄沙師備禪師提出了一個問題⋯⋯
佛法是為了普渡眾生，但假設碰到了盲子、聾子、啞巴，他們看不見、聽不到、不會回答，怎麼辦呢？
一學僧苦思不解⋯⋯
將問題轉問雲門禪師。
哦，是這樣嗎？
首先，你既來請教佛法，如何不行禮？
是是，請禪師開示。

哇！
很好，你看見我打你，證明你不是瞎子。
到我面前來，不要後退！
你也不是一個聾子！
這樣子，你懂了嗎？
不懂！
你目能視、耳能聽、口能言，依然未能開悟，跟盲聾啞有何分別？反之，只要心地光明，能把握自己的一切而不迷惘，即使是盲聾啞也無有障礙！
你也不是一個啞巴！

貨銀兩訖

菩薩於法應無所住，行於佈施。所謂不住色佈施，不住聲、香、味、觸、法佈施。須菩提，菩薩應如是佈施，不住於相。何以故？若菩薩不住相佈施，其福德不可思量。

——《金剛經講錄》

誠拙禪師在圓覺寺弘法時，信徒日多，於是有人發起興建一座更大的講堂……
善信聞風而至……
師父，我捐黃金五十兩作興建講堂之用。
禪師收下黃金，若無其事的走開了。

太過份！一點感激也沒有！
師父！五十兩黃金不是小數目，你連一聲謝謝也沒有嗎？
咦？你捐錢給佛祖建講堂。為何要我謝你？
好吧。如果你認為這是樁買賣，那我代佛祖說聲謝吧！
你將「謝謝」帶回去，從此佛祖與你貨銀兩訖，各不相干了。

何處修行

因僧問：「寒暑到來如何迴避？」

山曰：「何不向無寒暑處去？」

曰：「如何是無寒暑處？」

山曰：「寒時寒殺闍黎，熱時熱殺闍黎。」

投子同云：「幾乎與麼去。」瑯琊覺云：「我即不然。如何是無寒暑處，僧堂裏去。」雲居舜云：「大小瑯琊作者個去就。」

山僧即不然：「如何是無寒暑處，三冬向煖火，九夏取涼風。」黃龍新云：「洞山袖頭打領，腋下剜襟。」爭奈者僧不甘，如今有個出來問：「黃龍且作麼生支遣。」

良久云：「安禪不必須山水，滅卻心頭火自涼。」

——《宗門拈古彙集》

有善信向無德禪師表示，很嚮往寺院裏暮鼓晨鐘，菩提梵唱的寧靜……
希望以後有機會在寺院過一段修行生活就好了。
哈哈，你這麼說，其實是在拖延而已！
你的呼吸即是梵唱。
跳動的脈搏便是鐘鼓。

身體即是廟宇，兩耳便是菩提。
古僧有言：熱鬧場中作道場。
只要當下摒棄雜念，息下安緣，哪處都是安靜之所。
如果自己內心不安寧，即使在深山古寺之中，一樣沒法修行。
參禪何須山水地
滅卻心頭火亦涼

參悟

不准動

師入園取菜次。乃畫圓相，圍卻一株。語眾曰：「輒不得動着這箇。」眾不敢動。少頃，師復來，見菜猶在，便以棒趁眾僧曰：「這一隊漢，無一箇有智慧底。」

——《五燈會元》

這天，智常禪師與僧眾一起收割蔬菜……
這棵菜誰也不准動！
眾皆莫名其妙……
翌日
甚麼？這菜仍在這裏？你們統統都是笨蛋！
一群只懂唯命是從的弟子，怎能承傳禪的精神呢？

不淋一人

應無所住，而生其心

——《金剛經》

有一位禪師說了兩句話讓弟子們參究……
綿綿陰雨二人行，怎奈天不淋一人。
我知道！因為其中一人有雨具。
不！我認為那是局部陣雨的關係……
都錯了！照我的看法，是因為其中一人走在屋簷下。

師父，我們的答案，哪一個是對的？
呵呵……你們都錯了！
你們都執着於「不淋一人」的字面意象，所以挖空心思想答案……
其實，所謂「不淋一人」，不就是兩人都在淋雨麼？
執著於字面的意象，就成了思考上的障礙，一個本來很簡單的答案，因為鑽了牛角尖，就離開真理愈來愈遠。

難以代勞

建寧府開善道謙禪師，本郡人。初之京師依圓悟，無所省發。後隨妙喜庵居泉南，及喜領徑山，師亦侍行。

未幾，令師往長沙通紫巖居士張公書。師自謂：「我參禪二十年，無入頭處。更作此行，決定荒廢。」意欲無行。

友人宗元者叱曰：「不可在路便參禪不得也。去，吾與汝俱往。」師不得已而行，在路泣語元曰：「我一生參禪，殊無得力處。今又途路奔波，如何得相應去？」

元告之曰：「你但將諸方參得底，悟得底，圓悟妙喜為你說得底，都不要理會。途中可替底事，我盡替你。只有五件事替你不得，你須自家支當。」

師曰：「五件者何事？願聞其要。」

元曰：「着衣喫飯，屙屎放尿。馱箇死屍路上行。」

師於言下領旨，不覺手舞足蹈。

——《五燈會元》

有禪師兩人，一起結伴外出弘法…
你怎麼啦？
支持不住了…不如你管你去，我且回寺中…
半途而廢，實在可惜！
這樣吧，今後我盡量幫你，助你完成旅程。但首先聲明，有五件事實在難以幫你的—

第一件是吃飯，因我吃飯你不能飽。
第二是穿衣，我穿衣你不能暖。
第三是尿尿。第四是拉矢。
第五件是甚麼？
是走路啦！你的腿又不長在我身上！
世間沒有不勞而獲的事情，若稍遇困難即退，不會有成就的。

緣生緣滅

百丈云：「若能對眾下得一語出格，當與住持。」即指淨瓶問云：「不得喚作淨瓶。汝喚作甚麼？」華林云：「不可喚作楔也。」百丈乃問師。師踢倒淨瓶，便出去。百丈笑云：「第一座，輸卻山子也。」

——《潭州溈山靈祐禪師語錄》

百丈禪師欲遣一人往溈山建立道場，遂召集僧眾……
我出示一禪機。誰能回應而契合者，就可前去當住持了……
不得叫「淨瓶」，你們喚作甚麼？
百丈的首座說：
不可叫「門門」！

其時，煮飯的和尚靈佑趨前……
很好！你喚作甚麼？
靈佑一言不發——
諸法因緣生，諸法因緣滅。靈佑一腳踢倒淨瓶而毋須多言，這就是最好的應對了。
哈哈！你有資格當溈山的住持了！

拂子與掃帚

見僧來，即舉拂子曰：「會麼？」
對曰：「謝和尚指示學人。」
琛曰：「見我豎起拂子，便道指示學人。汝每日見山見水，可不指示汝耶？」
又見僧來，舉拂子。其僧禮拜稱讚。
琛曰：「見我豎起拂子，便禮拜讚歎。那裏掃地，豎起掃帚，為甚不讚歎？」

——《禪林僧寶傳》

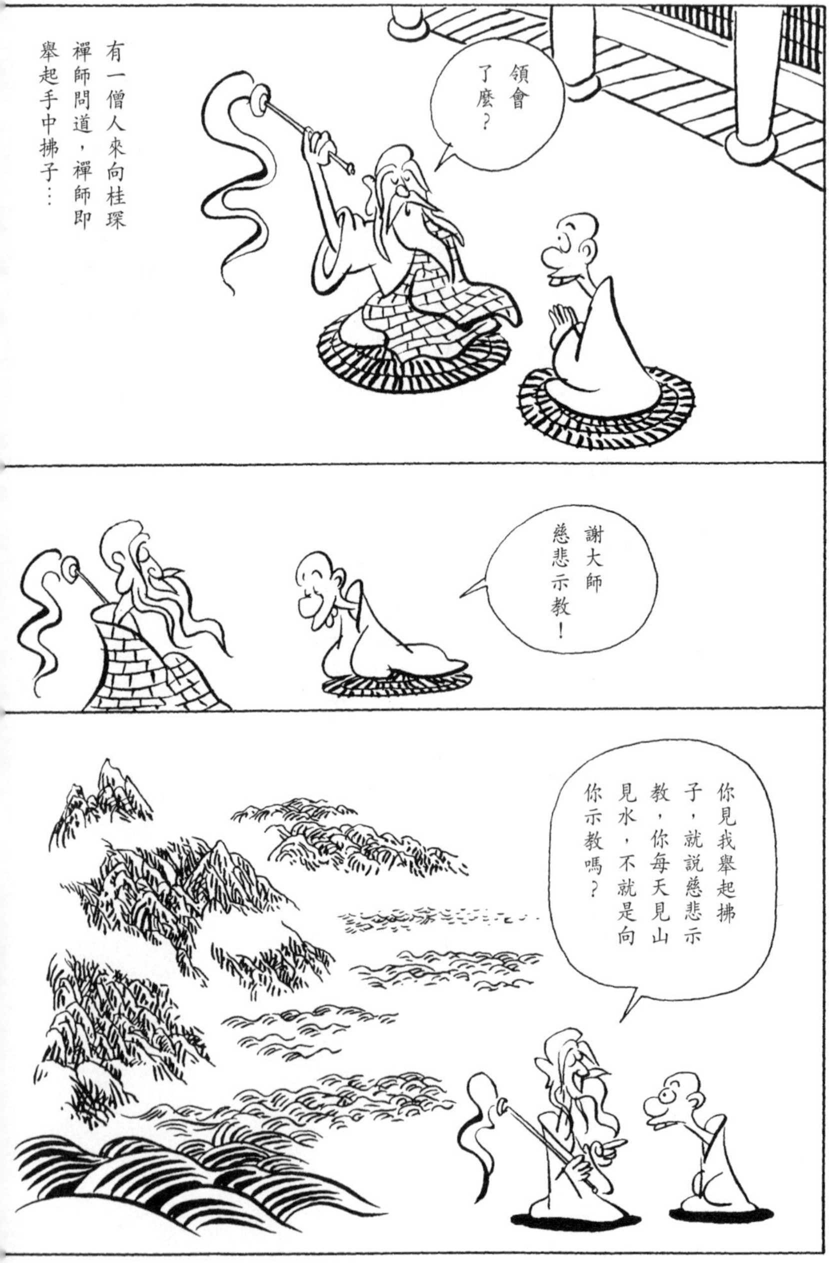

有一僧人來向桂琛禪師問道，禪師即舉起手中拂子…
領會了麼？
謝大師慈悲示教！
你見我舉起拂子，就說慈悲示教，你每天見山見水，不就是向你示教嗎？

又有另一僧人來討教，禪師照樣舉起拂子。
啊！太好了！謝謝大師！
你隨我來。
你見我揚起拂子，就讚歎致謝——
那兒有人揚起掃帚，你為何不讚歎致謝呢？
山山水水，處處皆禪；拂子掃帚，無有分別。看破這些，自然得道。

門裏門外

韶州雲門山光奉院文偃禪師……以己事未明，往參睦州。州纔見來，便閉卻門。師乃扣門，州曰：「誰？」師曰：「某甲。」州曰：「作甚麼？」師曰：「己事未明，乞師指示。」州開門一見便閉卻。師如是連三日扣門，至第三日，州開門，師乃拶入，州便擒住曰：「道！道！」師擬議，州便推出曰：「秦時轆轢鑽。」遂掩門，損師一足。師從此悟入。

——《五燈會元》

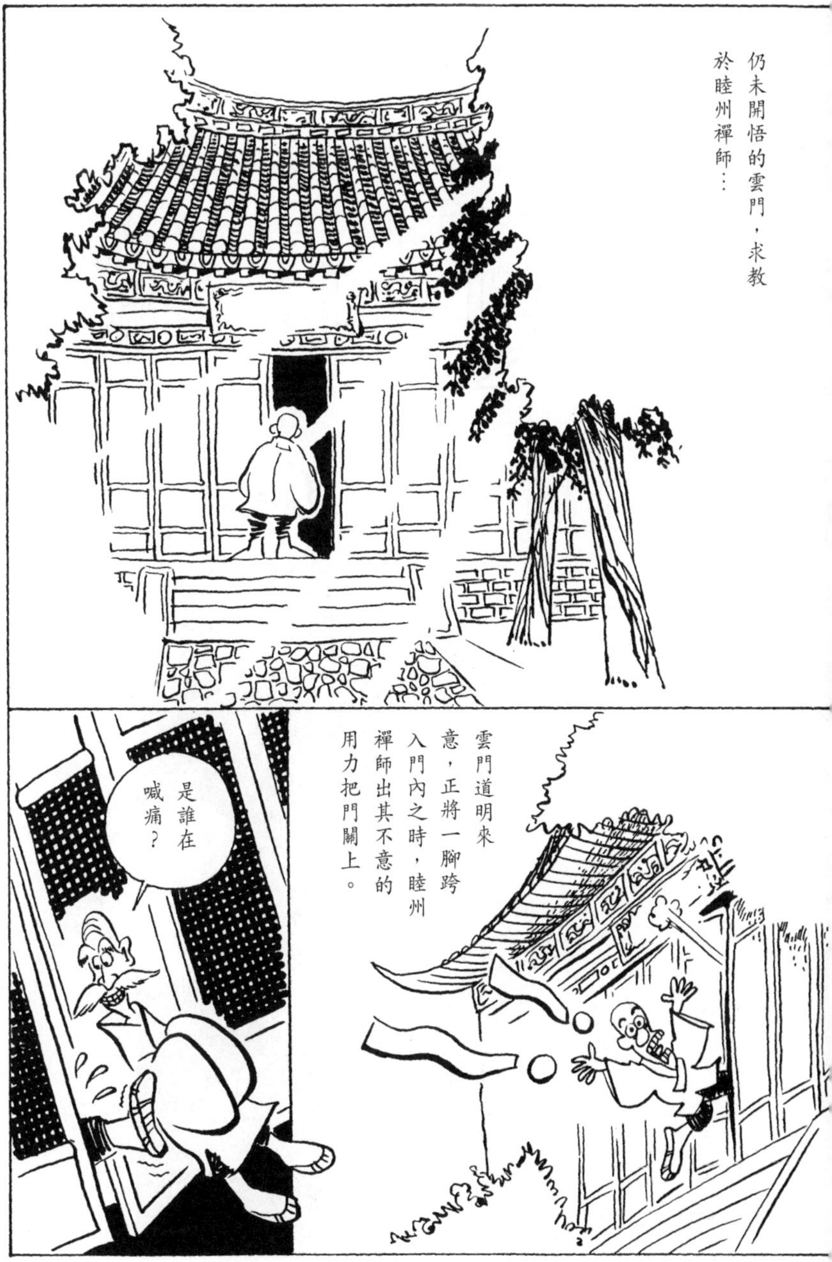
仍未開悟的雲門，求教
於睦州禪師……
雲門道明來意，正將一腳跨入門內之時，睦州禪師出其不意的用力把門關上。
是誰在喊痛？

禪師！是我。
你又在哪裏呢？
我在門外！可是我的腳被夾在門內……
怪了！既然腳在裏面，如何人會在外面？
我確實被這扇門分成裏外兩半了！
愚痴！一個人還有裏外之分？
這裏外之分，你我之別，使世人無法超脫。若裏外如一，平等無二，煩惱自除。

放下提起

有洪州新興嚴陽尊者來參趙州。
尊者問曰：「一物不將來時如何？」
趙州曰：「放下著。」
師曰：「既是一物不將來，放下個甚麼？」（師即嚴陽尊者也。）
趙州曰：「放不下，擔取去。」
師於言下大悟。

——《禪宗頌古聯珠通集》

一位信徒拜訪趙州禪師，因沒帶禮物，很不好意思……
我空手而來……
既是空手來，就請放下吧！
我沒帶禮物，你要我放下甚麼？
既沒東西放下，那你就帶回去好了。
根本沒有東西，帶甚麼回去呢？
就是帶那個甚麼都沒有的東西回去。
沒有的東西怎樣帶回去呢？
你不缺少的東西就是你沒有的，你沒有的東西就是你不缺少的。

我不是佛

趙州因一秀才問：「佛不違眾生願是否？」
州曰：「是。」
曰：「某甲就和尚乞取手中拄杖得否？」
州曰：「君子不奪人所好。」
曰：「某非君子。」
州曰：「老僧亦非佛。」

——《宗門拈古彙集》

有一秀才自恃聰明，常尋思以禪機難倒趙州禪師……
我佛慈悲，不違眾生所求，不知是也不是？
是的！
我佛慈悲，我想要你的柱杖，不知可否如願？
君子不奪人所好，這道理你不懂的嗎？
我不是君子呀！
我也不是佛！
對付這些強詞奪理、討人便宜的「假禪機」，唯有以彼之道，還施彼身。

東坡学禪

蘇東坡，與佛印禪師為友。某日，寫一偈曰：「稽首天中天，毫光照大千；八風吹不動，端坐紫金蓮。」（八風者，即：稱譏苦樂利衰毀譽）。自認開悟偈，派人呈送禪師印證。不料被批四字，坡一見大不悅，謂：「豈有此理！」即時過江。禪師笑曰：「既然八風吹不動，為何一屁蹦過江？」坡愧無定力，垂頭而退。

——《水鏡回天錄》

宋朝大學士蘇東坡學禪忽然有所感悟，於是揮筆寫下一首詩⋯⋯
稽首天中天，毫光照大千，八風吹不動，端坐紫金蓮。
真是好詩！你拿去金山寺交佛印和尚參詳參詳。
哦，他的意思是，他拜佛頂禮，已得佛光普照，不受「得、失、謗、揚、讚、嘲、憂、喜」等八種世俗意識所左右了⋯⋯
老爺，佛印禪師給你回了一封信！
甚麼？說我放屁？

哼！我的詩誰人不誇讚？這和尚竟貶得一文不值！
我要找他算帳！
哈！我正恭候大駕！
說！我的詩哪裏不好？何處不通？
你不是說你已經「八風吹不動」了嗎？怎麼我輕輕一個「放屁」就把你吹過江來了？
人性有一通病，就是說時容易做時難。嗑得天花亂墜就以為成功了，原來只是自欺欺人而已！

佛印的牀

東坡得釋還吳中。次丹陽，以書抵元曰：「不必出山。當學趙州上等接人。」

元得書徑來。東坡迎笑問之。

元以偈為獻（或作戲）曰：「趙州當日少謙光，不出三門見趙王。爭似金山無量相，大千都是一禪牀。」

東坡撫掌稱善。

——《禪林僧寶傳》

東坡熱衷於佛禪，喜與禪師們大鬥機鋒……
送這信給佛印禪師，我要去拜訪他。
哦？你家老爺要我如趙州禪師迎趙王之禮來迎接他？
趙州禪師迎趙王是禪史中一樁有名的故事。趙王上山參拜趙州禪師時，禪師沒出門迎接……
見故事「待客之道」

佛印在這裏迎接蘇學士！
嘿嘿，趙州禪師的灑脫你半點都學不到，我叫你躺在牀上相見，你卻如此俗套！
趙州當日少謙光，不出山門見趙王；爭似金山無量相，大千都是一禪牀。
又輸了！
禪是活潑、不拘泥不造作的。趙州是趙州，佛印是佛印。「大千世界一禪牀」正是破解了東坡在形式上的執著。
佛

贏了一回

蘇東坡隨法師學禪坐，問法師：「我禪坐相如何？」

法師曰：「禪坐如佛。」

法師問東坡：「我如何？」

答曰：「禪坐如牛糞。」

東坡心喜，告蘇小妹，自認大勝法師。

蘇小妹曰：「法師心中有佛，故看你坐如佛；你心中有牛糞，故看法師坐如牛糞。」

——《九江府志・東坡集》

有一次，東坡跟
佛印禪師一起坐禪……
禪師，你看我坐禪的樣子如何？
好莊嚴，像一尊佛！

那麼，你看我坐禪的樣子又如何？
像一堆牛糞！
你哥哥如此這般贏了佛印一回！
不！你輸了！禪師心中有佛，所以看你如佛；而你心中有糞，所以會看禪師如糞。
常有一些人，喜歡耍嘴皮子佔便宜，以為這就勝了對方，卻不知其實是輸了自己的修養。

吃飯睡覺

有源律師來問：「和尚修道，還用功否？」

師（大珠慧海）曰：「用功。」。

曰：「如何用功？」

師曰：「飢來則食，困來即眠。」

曰：「一切人總如是，同師用功否？」

師曰：「不同。」

曰：「何故不同？」

師曰：「吃飯時不肯吃飯，百種須索；睡覺時不肯睡覺，千般計較。」

律師遂緘其口。

——《景德傳燈錄》

我的秘訣是：餓時張口就吃！
師父，你修行可有秘密法門？
有啊！
睏時躺身就睡！

這兩樣輕鬆平常事，你做的與平常人有何不同？
大大的不同——
一般人吃飯，百般挑剔，揀瘦嫌肥。
好吃的話，就吃多些。
不好吃的話，就不想吃。
該睡覺時候，胡思亂想，總沒睡好。
吃飯睡覺皆平常事，但平常人卻沒有那個平常心！

杯中成見

日本南隱禪師（一八六八—一九一二），是日本明治時代著名的禪師。他的一生老實修行，主張「儒佛一致」。因為時常能用一兩句話就點悟學僧，南隱禪師被世人稱作「開悟的聖人」，很多人慕名來問佛參禪。

某日，南隱禪師來了一位客人……
佛門弟子整日禪呀禪的，究竟甚麼叫做禪？
此人態度囂張，一看便知來意是想否定禪理……
請茶請茶！
茶已經滿瀉啦！難道你看不到嗎？
哈！難道你自己看不到，你心中就像這隻杯子一樣，滿是自己的看法，如不事先將杯子空掉，叫我如何對你說禪？

要命有一條

平常心是道，纔趣向即乖。到箇裏正要腳踏實地，坦蕩蕩，圓陀陀。

——《佛果圓悟真覺禪師心要》

有一僧人問圓禪師：
師父能否用一句話，就讓弟子領悟「禪」？
要腦袋的話，就割去吧！
難道沒有更方便之門？
……
對於這種妄想毫不費力就悟道的人，只好「要命就有一條」了！

平常心

心若調適，道可得矣。於道若暴，暴即身疲。其身若疲，意即生惱。意若生惱，行即退矣，其行既退，罪必加矣。但清淨安樂，道不失矣。

——《四十二章經》

有一學僧參禪，
日夜用功打坐，
非常勤奮⋯⋯
他的師父就教他
一法門⋯⋯
你把這
葫蘆裝
滿水，然後
把鹽放進
去⋯⋯
等裏面的
鹽溶化後，
你就開
悟了！
唯是久久未能
悟道。

師父，我等了很多天，可是鹽始終不溶化…
哈！你應該先把水倒掉一些…
然後搖動幾下，鹽就會溶了。
葫蘆的水盛得太滿，搖不得、動不得，如何化鹽？修行不能過於執著，唯有平常心才是悟道之本。
世間事，亦如是觀。不急不緩，不緊不鬆，才是成功之道。

慈悲

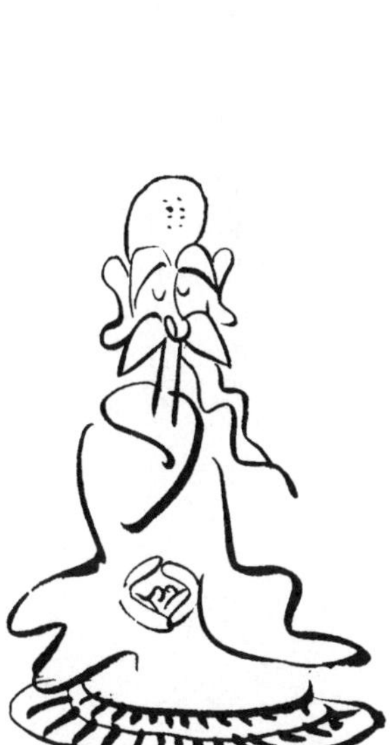

將軍得渡

云何名為生忍？答曰：有兩種眾生來向菩薩，一者恭敬供養，二者瞋罵打害。爾時菩薩其心能忍，不愛敬養眾生，不瞋加惡眾生，是名生忍。

——《大智度論》

夢窗國師乘船渡河，船剛開行之際……
船伕！等一等，俺也要渡河！
與人方便，你就回去載他一程吧！
好吧，看你出家人的面上。
船已開行，那有回頭之理！
明天請早！

將軍大搖大擺的上船…
咦？沒有座位了麼？
哼！
看見本將軍還不讓座！
恩將仇報呀！
真是好心沒好報呀！
太沒良心了！
是和尚求船家轉回頭的…
真可憐…

船到彼岸
夢窗走到水邊，默默把血漬洗掉……
大師，我……真對不起……
呵，不要緊，出外的人心情總是不太好……
世間甚麼力量最大？忍辱的力量最大！

正寫反寫

祖問曰：「汝何方人？欲求何物？」惠能對曰：「弟子是嶺南新州百姓，遠來禮師，惟求作佛，不求餘物。」

祖言：「汝是嶺南人，又是獦獠，若為堪作佛？」

惠能曰：「人雖有南北，佛性本無南北。獦獠身與和尚不同，佛性有何差別？」

——《六祖壇經》

師父，學佛是為了普渡眾生，但如果遇到一個禽獸不如，壞得簡直不能稱之為「人」的傢伙，我們還要渡他麼？
你先回答我，這是甚麼？
甚麼字呢？
一個「我」字。
這是個字，只是寫「反」了。

寫反了的「我」字算不算字？
不算！
既然不算，你為甚麼說是個「我」字呢？
算！
既算是個字，你為甚麼說它「反」了呢？
……
……
正寫是字，反寫也是字，主要是你心中認識這個「我」字，正寫反寫都一樣。
同樣道理，好人是人，壞人也是人，普渡眾生是無有分別的。
好人要渡，壞人更要渡，好人你不渡他，他也不會害人，壞人渡了他，他放下屠刀不再害人，是更有功德啊！

人言無畏

日本白隱慧鶴禪師（一六八五—一七六八），江戶時期開創白隱禪一派，為日本禪宗公案的創始者。

「被辱不瞋難」，是難忍能忍的白隱禪師所闡述的觀點。

白隱禪師是個受大眾景仰的有德高僧。這天，忽有人來大興問罪之師…
我女兒未婚生子，她説經手人是你！
這孽種就還給你！
是這樣子嗎？
於是白隱禪師默默負起撫養嬰兒的責任。而風聞這事的人們再不尊重他了。

在羞辱聲中，嬰兒日漸長大。直到有一天，一雙年輕夫婦走上門來……
真對不起！這孩子其實是我的……當時我不應一走了之……
累你擔了這罪名……
是這樣子嗎？
對不起啊！我們以前都誤會了你……
是這樣子嗎？
名是虛妄，但求無愧於心；而更重要的是，要以慈悲心拯救眾生……

佛門小偷

龍門寺位於日本兵庫縣姬路市，寬文元年（一六六一年），由日本盤珪永琢禪師所創建。

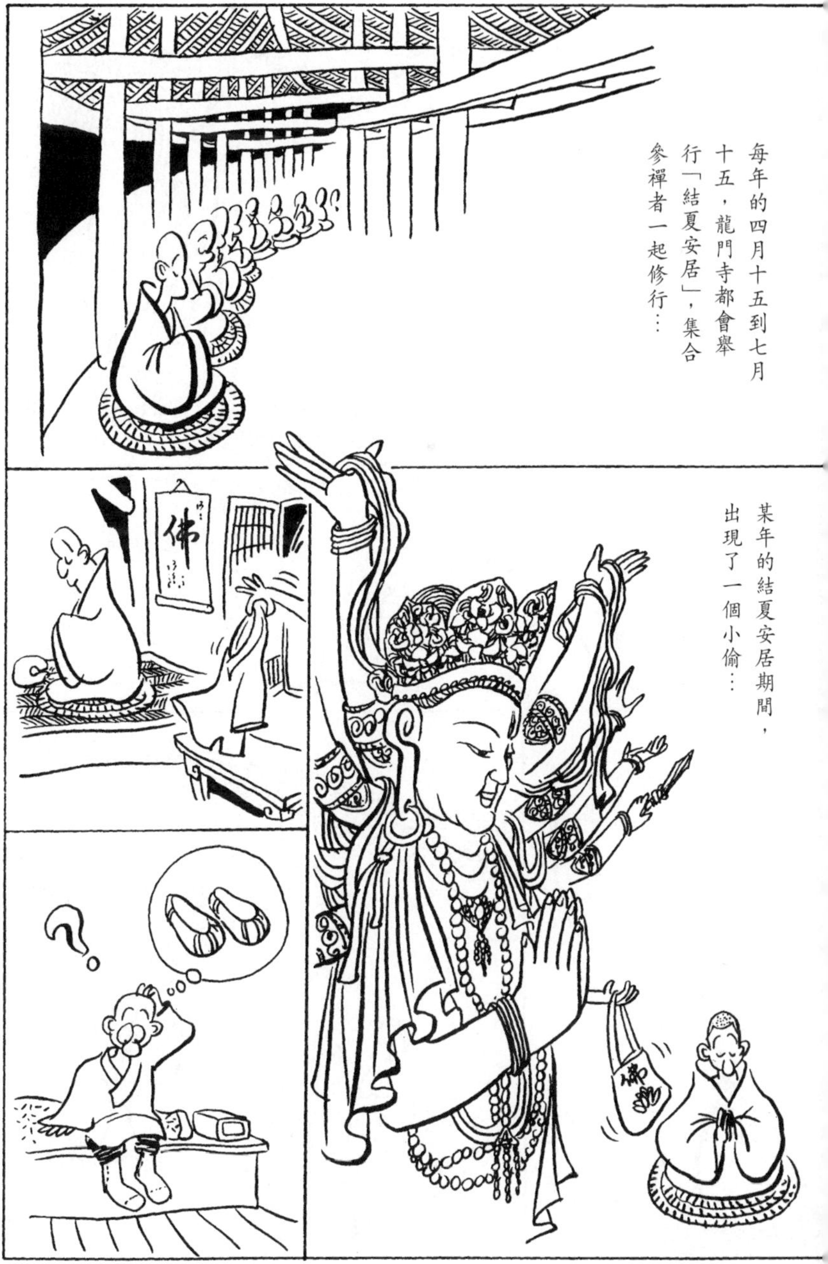
每年的四月十五到七月十五，龍門寺都會舉行「結夏安居」，集合參禪者一起修行⋯⋯
佛
某年的結夏安居期間，出現了一個小偷⋯⋯
?
佛

我們連日來不斷被竊，情況愈來愈嚴重…
連鞋也給偷去了！
結夏安居的目的，是讓修行者變化氣質，淨化身心…
可是現在你們的心境，居然連一個小偷也容不下！
難道把他趕出去，繼續做壞事，你們就安心嗎？
容不下小偷的修行者，也不見得比小偷要好到那裏去！禪者除了自渡，還要渡人的啊！

覺悟

日本良寬禪師，(一七五八—一八三一)，是日本史上的名僧，但過着非常質樸簡單的生活，向來最不喜歡向人說教，即使向人講法傳道，為求通俗易懂，也從來不用高深的語言。

良寬禪師在外修行數十年，某日忽有鄉親到訪…
你外甥不務正業，再下去快傾家蕩產了，求你救救他！
禪師遂不辭勞苦，遠道返回家鄉去。
公子快回家，你有個當了和尚的舅父來看你。
甚麼玩意兒？是來「打秋豐」的吧？
舅父您好！是要回來長住嗎？
不，我來看看你，明天便走…
翌日！

好外甥，我要走啦。
唉，我想我是老了，這鞋老穿不上……你可以幫幫我嗎？
謝謝你啦，你看，人老的時候，就一天衰似一天……
你要好好保重自己，趁年輕的時候，好好做人，把事業基礎打好……
禪師輕輕說完這幾句話就走了。由始至終沒有對外甥的不羈非難過一句。
但他的外甥已經「悟」了，自此發憤做人，不再花天酒地了。

化掉戾氣

日本盤珪永琢禪師（一六二二——一六九三），他平生極力批判形式化、固定化的禪公案，並提倡不生禪。他認為人一出生便具有不生不滅的佛心，佛心是不生的、靈妙的，因為不生，所以必然不滅。因此關於坐禪，他主張平常即是在坐禪。

某人脾氣很壞，弄得人際關係甚差，遂求教於盤珪禪師……
為何我脾氣如此暴躁？
你說呢？
是天生的壞脾氣，天生如此！
既然如此，拿來給我吧！
拿甚麼出來給你？

你把天生的壞脾氣拿出來。讓我幫你把它化掉！
可是，我現在沒有脾氣呀！
要碰到有人激怒我，才會發脾氣的呀！
不是要拿就拿得出來的脾氣，可見並非「天生」的！
對人發脾氣，其實是把自己的不快或過錯歸罪他人而已，最終還是毫無改進！
拋掉「天生的」這個借口，才會把缺點徹底改掉！

夫妻之道

日本仙崖義梵禪師（一七五〇——一八三七），善於禪畫，並以幽默機智聞名，有人讚譽他是三百多年前的一休和尚再世。

仙崖禪師一日外出弘法時，聞得有爭執聲⋯⋯
有你這種丈夫真倒霉！
我才倒霉！
你不是個男人！
你再說！再說我就殺人！
哇！要殺人！啦！
哇！刺激呀！有命案發生啦！
快來看啦！

有免費戲看呀！
不收門票呀！
喂！快動手殺人！我為你們找來了觀眾啦！
賊和尚！咱夫妻吵架關你屁事？
怎不關我事？死了人就要和尚唸經呀…

和尚唸了經，就有紅包收囉！
你這和尚也太過份，為了紅包希望殺死人！
不要殺死人也可以，那就聽我說法吧！
再厚的寒冰，太陽出來都會融化；再冷的飯菜，柴火點燃都會煮熱……
夫妻有緣在一起，要溫暖對方，成就對方。

生死

生前供奉

元祐五年十二月二十五日。謂左右曰：「諸方尊宿死，叢林必祭。吾以為徒虛設。吾若死，汝曹當先祭。」乃令從今辦祭。眾以其老，又好戲語，復曰：「和尚幾時遷化？」曰：「汝輩祭絕即行。」

於是幃寢堂，坐普其中，置祭讀文，跪揖上食。普飫餐自如。自門弟子，下及莊力，日次為之，至明年元日祭絕。曰：「明日雪晴乃行。」至時晴忽雪，雪止，普安坐焚香而化。閱世六十有七，坐四十九夏，全身塔于寺之左。

——《禪林僧寶傳》

宋朝德普禪師，有一天突然召集僧眾……
過往的諸方大師，在圓寂之後，弟子才為他祭祀，這其實是虛應故事。
人死後，能否吃到活人供奉的食物？誰知道呢！
所以，不如現在就開始拜祭我吧！
師父真愛說笑！
我們何不假戲真做！
甚麼？師父圓寂了?!

師父呀？弟子來遲了！
不遲！有供品就快拿上來！
哇！師父真的坐化了！
好了，大家也致祭完了，我也是時候要走啦！
世人往往不在父母師長生前照顧盡孝，卻在他死後大搞排場，騙誰呢？

死亡書

仙崖義梵，日本江戶時代的畫家、書法家。他十一歲成為臨濟禪僧人。後投身於繪畫與書法，他作品題材多樣，從佛教肖像到風景、植物、動物。作品用水墨繪成，筆觸敏銳而自然，並有強烈幽默感。

有户人家，新蓋了一幢房子……
弟子喬遷之喜，請仙崖禪師為我題幾句賀詞……
題好了！
父死子死孫死
我何曾得罪你，你竟然詛咒我？

這不是詛咒，是大吉大利的祝福！
?
試想想，如果兒子先你而死，你會怎樣？
如果孫子先你們而死，更不得了，你和你兒子都會悲痛莫名。
若一代一代的順序享其天年，不是一種福氣嗎？
人都難免一死，但大多數人拒絕面對這個「事實」
死
佛教對於肉身的死亡，並不視為終極。
GO
而最重要的是：在今世為人，是否已盡責而毋負此生？
善
惡
及早「正視」死亡，免得光陰虛渡含恨而終。

懶人天堂

無德禪師善昭（九四七—一〇二四），認為「禪」是一種生活態度，例如過於安逸的生活如同地獄，當一個人所有的智慧與能力都在這樣的地獄中消磨殆盡的時候，再後悔已經來不及。

有一懶人陽壽已盡，靈魂飄呀飄的，來到一個地方……
歡迎！請進來吧！
我家主人已為你預備好一切……
知道你愛吃，這裏有吃不盡的山珍海錯！

知道你愛睡，隨便你睡到甚麼時候，都沒有人打擾你。
数月後・・・
請給我一些工作或甚麼的，讓我打發時間…
這裏除了吃和睡，甚麼都沒有！
唉！悶得發慌！
這裏就是你的地獄，你以為是甚麼？
豈有此理！那我情願到地獄去！

死而復生

南泉普願禪師（七四八—八三四），俗姓王，自稱「王老師」，世稱南泉和尚，唐代中期著名禪宗大師，學徒雲集並留有語錄一卷，主張修行積德享福報。

一天，南泉禪師正在打坐，突然……
吼！
佛
師父，方才是你在大吼麼？
是的——
莫名其妙！着我去問是否有僧人圓寂了……

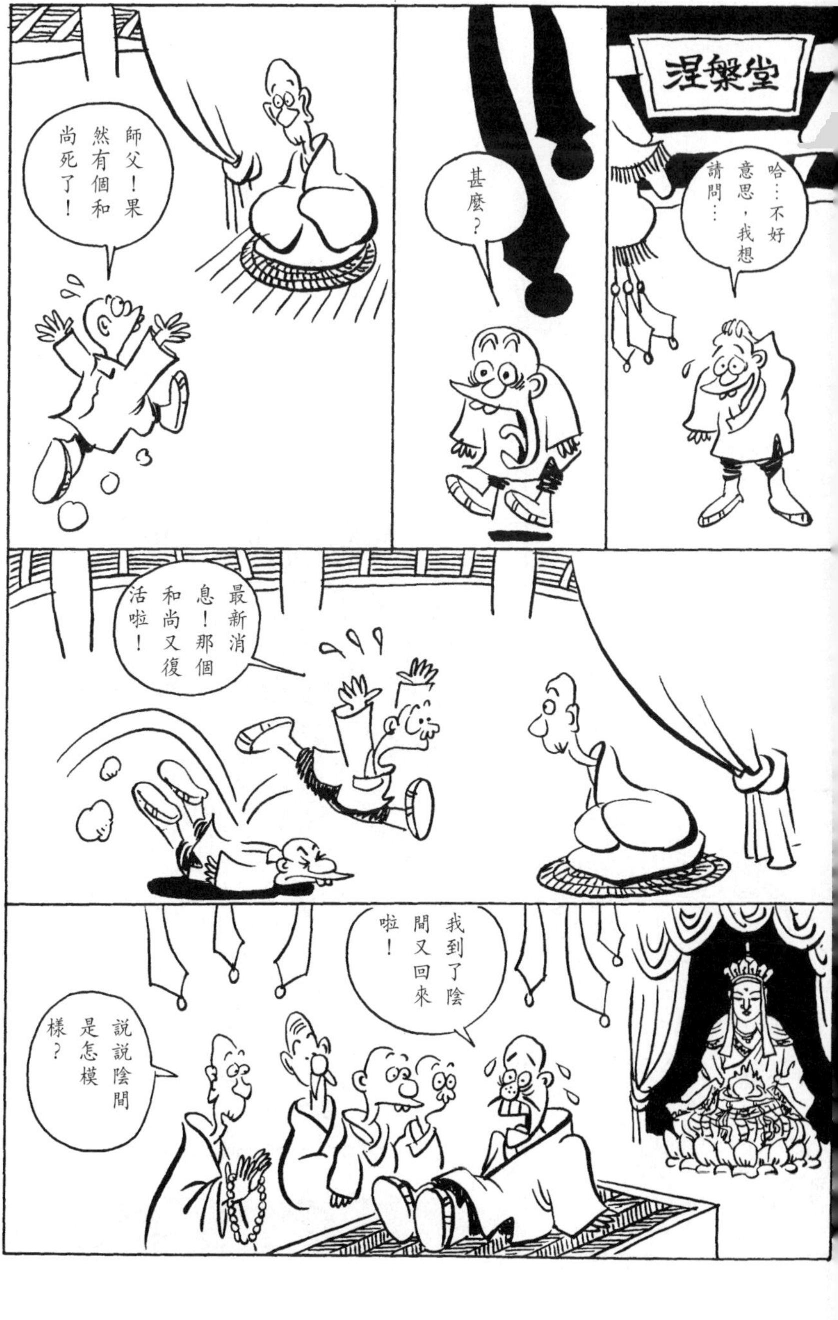
涅槃堂
哈…不好意思，我想請問…
甚麼？
師父！果然有個和尚死了！
最新消息！那個和尚又復活啦！
我到了陰間又回來啦！
說說陰間是怎模樣？

恍惚中，我走了很遠的路……
我已疲倦不堪，很想進去歇歇……
忽然，我看到前方有樓閣玲瓏，雕樑畫棟……

吼
我聽到一聲大吼，嚇得掉了下來……就回到陽間了。
現在回想起來，陰間原來並不可怕！
傻瓜！我知你平日疏懶，沒有修行積福，那富麗堂皇的閣樓，豈是你進得去的！
若非我大吼一聲把你喚回，恐怕你已到地獄去受苦了！
這名和尚大徹大悟，從此積德修福，一直到七十幾歲才安然坐化。
樓閣玲瓏雕樑畫棟皆是虛幻，平時沒修行積德，竟然還希望有好的福報？

轉危為安

釋嵬多在山禪定。有一無頭鬼。嵬曰：「汝無頭痛之患，一何快哉。」鬼便隱復作無腹鬼現。嵬曰：「汝無腹藏之憂，一何樂哉。」須臾復作異形鬼。皆隨點化而隱。

——《釋氏通鑒》

慧嵬禪師
在深山修行⋯⋯
而山中也不是
絕對清靜的，
例如⋯
嗨！
經常有
妖魔鬼怪來
打擾修行人。
哈哈哈

啊！是個沒有身體的妖怪！
沒有身體，就沒有五臟六腑的疾病，多好呀！
真沒用！讓大哥來出馬！
沒有頭，就不會患頭痛，也不會胡思亂想，真羨慕你！
一般人看見鬼怪，只見其恐怖處，而禪師卻觀察到另一面，遂能轉危為安，轉禍為福，連鬼怪也要退避三舍了。

天堂地獄

釋論云：三界無別法，唯是一心作。心能地獄，心能天堂，心能凡夫，心能賢聖。

——《法華玄義》

有一人問無德禪師，果真有天堂與地獄的麼？
人世間種種我們可以看得到，可是這個天堂地獄嘛……
哦？這個問題——
你先去河邊提一桶水來。
水來了！
你朝水桶內看，天堂與地獄的分別就在裏面……

莫名其妙！裏面甚麼也沒有！
你現在的情況，像不像在地獄裏？
咕嚕咕嚕…
是是，剛才簡直置身地獄一樣…
現在呢？比對之下，現在是否有如置身天堂？
只一會工夫，你已經歷過天堂與地獄了，對於它們的存在還有疑問嗎？
萬事萬物，並非一定要親身經歷才證實其存在的。心中有天堂地獄，就有了。

生死自在

法慶嗣，佛國白禪師。嘗掌書記，初住泗州普照，後遷嵩少。汴破被虜，收牛於北方，惟一講僧識之。次居東京。因侍者讀洞山錄，作愚癡齋。者云：「古人甚奇。」

師云：「我化後，汝可喚之。若能復來，是有道力也。」

後預知時至，乃作頌云：「今年五月初五，四大將離本主。白骨當風颺卻，免占檀那地土。」衣物盡付侍者、飯僧。

始聞初夜鐘聲，坐逝。侍者如約喚之，師瞬眼應曰：「爭麼？」

者曰：「和尚何裸跣而去？」

師曰：「來時何有？」

者欲強穿衣。師曰：「休！留與後人。」

者曰：「正恁麼時如何？」

師曰：「也只恁麼。」

復書一偈云：「七十三年如掣電，臨行為君通一線。鐵牛踍跳過新羅，撞破虛空七八片。」壽七十三，皇統三年五月五日也。

——《補續高僧傳》

法慶禪師預料自己即將圓寂，遂交代後事⋯
我坐化後，你把我的衣物分給僧眾吧。
師父！
甚麼事？
師父為何不穿戴整齊而去？
我何曾帶着甚麼而來？
生不帶來，死不帶去；從容放下，得大自在。